U0040450

他們說的
幸運之神

God of Fortune

作者——丹榮・皮昆　　　譯者——邱喜麗

有些人遇到人生中的挑戰，
會選擇逃避而非正面迎戰。

姑且不論這些挑戰是否真如想像嚴峻，
人都會有他自己的方式試圖走避並遠離它，
但人們並沒有意識到，
挑戰並不會就此消失。

所謂「**躲得了一時，躲不了一世**」。

只有勇敢面對問題和挑戰的人
能存活下來。

對於能夠承認自己能力有限、
並且認清自己並沒有與生俱來的
才華和特殊能力的人，
若能在現實當中持續地磨練、奮鬥，
勇敢正視並對抗人生難題，
如此才能擁有堅強的心智。

唯有懷正念、說好話、行善舉的人，
能擁有堅強的心智。
因為善良與美好的力量，
終能制止萬惡勢力吞噬這世界。

走在正途上的人，

一路上將會遇見許多啟示碑，

這些碑文將會指示一些關於生活的理念。

秉持著良善意念做為處世原則，

發揮美德、遵守倫理道德、明辨是非，

在生活中實踐這些原則

能幫助我們克服人生大小難關。

在尋覓現實和人生真諦的行旅中滿佈荊棘，

而百萬人之中僅有一人能有幸遇見

所謂的「幸運之神」，

並有機會向祂學習締造傳奇的秘密。

目 錄
CONTENTS

1

他們說的幸運之神

A MYTH

在萬物之神創造宇宙、太陽、月亮、星星和地球後，祂讓其他神祇們各居於不同星球上。每個神各自掌管宇宙中一個行星，並在祂的指示下輪流支配不同行星。

萬物之神指派了幸運之神和七位天使來掌管地球並幫助人類。

地球誕生於六日之內，萬物之神創造了土地、山脈、森林、海洋、河流、小溪、植物、石頭、空氣、雲、天空、雨、暴風、水生物、爬行動物、海洋生物和陸地動物，包括人類。

地球上所有生物彼此和平共存了一段時間，人類適應了環境且逐漸繁衍擴大。日復一日，人類開始熱切渴望發展得更為強大，直至他們學會相互競爭。

比起地球上的其他生物，人類進化得更快，他們從四足的爬行動物演變至以雙腳站立。拜進化神速之賜，人類得以運用空出的雙手來做更多有利於生活的活動，這讓人類相較其他依舊以四足行走的生物更具備生存優勢。

演化的過程中，有些動物的前足因為狩獵及生存的需要，逐漸演化為翅膀，能長久停留在天空；而未能延伸飛翔天賦的動物，也漸漸形成四肢靈活、速度迅速的陸生動物。

同樣的進化法則也適用於地球上其他生物，任何未使用的能力最終都會隨著時間而退化消失。

而人類之間相互競爭越演越烈，他們運用雙手創造了許多事物。他們開始以雙手折斷樹枝製成武器，用於捕獵動物作為食物。

後來，人類開始利用石頭和其它從地下挖掘出的物質，例如開採礦物藉此獲益；也從觀察事物和其周邊環境，學會了製造器皿。

　　人們注意到下過雨後的泥土可以被捏塑成不同形體，目睹此般過程的人類開始用泥土捏塑不同的東西。他們利用溪水及河水拌入泥土來塑造各種不同物品後，將其曝曬於陽光下成型，最後成功製造出可用來儲水、貯存食物和各類物品的容器。

　　在人類發明物品的過程中，他們也因此有機會發揮創造力，這無形中讓人體最高度使用的器官——大腦，持續不斷地被開發，直至人類與其他動物有了越來越大的區隔。

　　隨著時間推進，大腦的活躍促使人們更勤奮工作，以實現他們的需求，並在生活中創造更多的可能。

　　不僅如此，人類從蠶吐出的絲線和採擷棉花來織製衣服和其他織品，捕獵動物的技巧也更高超，學會將動物毛皮做成皮草以用來冬日禦寒。

幸運之神

七天使

人類自創了工具來獵捕陸地上的動物，慢慢擴及生活於河流、海洋裡的生物。即使是體型大上人類許多的動物，都能毫不費力地以現代化的工具捕殺。這是因為人類的演化使然，不斷地因應環境發展出更多能力。

　　為了讓彼此間溝通更有效率，人類更進一步發明了溝通的方法，也就是所謂的「語言」。不同文化族群各自有相異的語言，彼此之間的競逐也越演越烈。之後人類又創造了一種稱為「金錢」的交易貨幣，於是人們為此陷入鬥爭，每個人都想藉此成為最有錢的人，因為人們以為金錢可以買到他們想要的一切。

　　當鬥爭走火入魔，在爭取錢財的過程中，有些人類甚至開始使用原先用於狩獵的武器來殘殺彼此，只為獲得更多金錢，因他們認為「金錢」比人命更有價值。

　　人類的競爭意識與日俱增，藉此展現自己的能力，並發明各種產品銷售以獲取更多金錢。許多人因此富有，但事實上，在時間的考驗下，只有極為少數的人擁有超過他們日常所需、一輩子都花用不完的財富。

在每個年代，總會出現幾個富人，人們會稱羨讚譽其為「幸運兒」，或說他們「特別受到幸運之神的眷顧」。幾乎無一例外，每個歷史紀元總有這樣一個具時代代表性、所謂的「人生勝利組」。

　　然而，每一萬年只會出現一個「幸運兒」，人們因此搶著爭當那個「特例」。

　　萬年一現的幸運兒得以從「幸運之神」那獲得運氣和力量。就如同廣為流傳的神話所述，因為幸運之神曾是宇宙間和地球上一個傳說，為了遇見祂和實現夢想，必須行旅各地尋覓祂的蹤影。

　　僅有極少數的人能夠遇見居於「幸運之山」最高峰的幸運之神，並從祂身上得到終極的力量。

　　所有人都想和幸運之神見上一面，求祂賜予「超越極限的力量」，然而，多數人終究無法如願。

尋覓幸運之神的路途佈滿荊棘，許多人遇到障礙和難關便中途放棄。大部分的人走錯了路而成迷途羔羊，在重重難題的考驗下，每一萬年只得一人成功地遇見幸運之神。

　　要行在正確的道路上，必須先行旅至全世界最高的山，這座山頂高不可測，立於山下甚至無法望其頂部。在遇見幸運之神前的路途上，人們會遭遇一些像是人生謎題般難解的課題，必須自我思考並遵循指示，才能成功成為那個「萬年一見」的唯一幸運者。

　　人們總是傳頌著「幸運之神」的傳說，但沒有人知道在這世上還有「七天使」也在一旁觀視並幫助那萬年一見的幸運兒。

　　這是每萬年才得以發生的故事，只有一人能在艱辛的旅程中尋得所謂的「世界征服者」。在人類及其他生物存在前的數百萬年之中，發生了很多故事。有些物種經歷了一段時間存活了下來，卻也有許多其他的物種已滅絕。

大部分的人能接受人生中的挑戰，

這其中卻只有某些人能成功地克服這些挑戰。

這並不是因為他們擁有優於別人的特殊力量，

而是因為他們面對挑戰時有不服輸的精神。

2

追尋之路，即將啟程

The Path

在地球上數以千計的村落裡，有一個被傳誦許多世代的傳說。傳說中日蝕發生時，是人們開始踏上旅程、尋覓「幸運之神」的最佳時機。

　　走入歧途者必無法親見「幸運之神」，反有極大可能遭遇「災難之神」，「災難之神」終其一生會緊隨該者，並帶來諸多不幸和厄運。

　　每一百年會發生一次奇特的天文異象，月亮會阻擋從太陽發散出的光線，也就是俗稱的「日蝕」。日蝕第二天，即是這以百年為一週期的天文奇景的首日，陰影會完全遮蔽日光。

人們於此時開始準備踏上行旅，每個人都希望成為「萬年難得一見的幸運兒」，而後代子孫將會記錄他們的成功故事，留名千古。

　　許多人準備好開展這趟旅程以實現他們的目標，雖然他們也清楚了解如果沒能遇見「幸運之神」，取而代之的下場可能是與「災難之神」為伍。

　　拉奇是個與大家抱持著相同夢想、冀望成為人人頌揚成功傳奇的十六歲青年，他也在日蝕的翌日，準備好與從小一起長大的好友們一同踏上旅程。

　　村裡將近一百名男孩都為了與幸運之神見上一面而打算遠行，因為人說日蝕翌日是最佳的時機，他們也都在這一天做好萬全的準備上路。

　　不僅拉奇的村裡有許多人計劃這趟行旅，鄰近村落也有許多人共襄盛舉。世界各地許多聚落的村民們也正等著這百年一日、一切被黑暗籠罩的良辰吉日。

這樣的天文異象會重複一百次，直到那萬年一遇的幸運兒現身，他會被賦予成為「特別之人」的機會。

　　這一天，世界各地的少年同時仰望著天空，當陽光直射在每個人頭頂時，和太陽相同大小的月亮也形成一個黑色圓圈朝太陽移動。

　　太陽的鋒芒逐漸被月球的黑色陰影緩緩覆蓋，陽光慢慢減弱直到完全黑暗，重現一百年前同樣發生的天文現象。

　　所有少年們就從此刻起，開始步上尋覓幸運之神的旅程，他們像無頭蒼蠅般不知道明確的路徑，每個人各自朝向不同的方向，但他們都相信自己選擇的道路是正確的。

　　拉奇與他的二十個好友們朝向北方前進，他們並無全然的把握自己選擇的道路是正確的方向，即便如此，他們仍不分日夜持續前進、相互扶持。

他們心中都抱持著同樣的想法，除了以微弱的月光為光源，他們相信只要遵循著最明亮的那顆北極星，就絕不會在黑夜裡迷失方向。因為有這樣的共識和默契，他們一致同意選擇在這樣的方向啟程。

許多人也和拉奇一幫好友們一樣，朝北方跋涉，「跟隨著北極星就不會迷路」的說法漸漸散播開來，越來越多人也開始往北方行進。一些原先朝其他方向的人，儘管心中也不確定，也和大部分人一樣開始改變路線轉往北走。事實上，沒有人能確知他們是否走在對的路徑上。

朝北前行的群眾越來越多，從十人演變成百人、千人、萬人、十萬人甚至到一百萬人的大陣仗。

人生始終必須從正確的想法和行動開始。

這道理大家都聽過，卻很少有人能改過。

思想偏差的人總會選擇錯誤的路線，

然而，儘管選錯了道路，

只要願意回頭走向正軌，

就離目標更近一些。

這一百萬人繼續行走在他們選擇的道路上，然而，一條洶湧澎湃的溪流正等待著他們。溪流旁佇立著一塊大石碑，每個人都能清楚看見上頭的刻文。

群眾當中一人見了說道：「我去年也行經此地，卻不見這塊大石頭，它怎麼會出現在這裡？」

另一個人說：「我猜這是幸運之神刻意留下的指示，也許隨著每百年一次的日蝕而出現的。那些走在正確方向的人們，或許一路上都會有石碑相伴。」

拉奇接著說：「應該是這樣沒錯，你們看，石碑下方署名幸運之神，應該是老天想告訴我們：『正行走於對的道路上。』」

第一個發言的人說：「好，不管怎樣，我是信你們了。」接受了兩個同伴的說法。

接著，所有人輪番走向石碑閱讀上頭刻的碑文。

啟示碑
TABLET

人生在世，

大多數人皆有相同的需求，

但往往只有部分的人走在正軌上。

有些人因謬誤的想法誤入歧途，

從初始就錯失方向；

這些人因偏差的念頭越走越偏，

最終與大家背道而馳。

走向歧途的人永遠不會承認自己走錯了路，

因而畢生都將抱持著錯誤的想法，

一步錯步步錯。

幸運之神
The God of Fortune

隨著這支多達百萬人的隊伍到達河岸，他們望著洶湧洪流，心裡升起強烈的不安，他們看見憤怒的河水橫掃樹木，甚至沖走許多大型陸地動物。群眾紛紛交頭接耳，終於有些人發聲。

「我們會不會在抵達對岸前就被活活淹死？」

「這簡直是……地獄般的洪水啊！」

「我懷疑有誰能成功渡過這條河……」

「我還有妻小，不打算就葬生在此啊。」

「我們該怎麼辦？我不會游泳哪！」

「你們誰有什麼妙計嗎？我已經開始頭暈腦脹了。」

「不可能有人能過得去的，這水流太強大了。」

數百萬人停在河邊看著眼前河流如洪水猛獸，水流越來越猛，不斷地有被沖走的動物在水流中載浮載沉。

有一個自認水性很好的勇者，央請他的夥伴們在他腰間綁上繩索，試圖泳渡對岸，但在他跳入河不久，就被一根巨大浮木撞上而昏迷失去意識。

在所有人裹足不前之下，時間慢慢地流逝，經過了數日、數週，水勢仍未見消減，然而群眾已開始面臨斷糧，他們上路前從家裡準備的食物逐漸短少，僅剩的糧食已不足以維持大家的動力，有些人開始採集野生蔬果，有些人則獵捕動物充飢。

兩個月過去，一心追尋傳說的百萬群眾仍在滔滔洪水岸邊等待，許多人生了病，更有些人因為不知所措而決定放棄返家。

無數的人已失去耐心，因為他們不知道究竟這狂水何時才會退去，或甚至根本沒有退去的一天。他們同時也擔心可能面臨的旱季，許多人決定返回他們的家園。

邁入出發後的第三個月，原先的百萬群眾減少了一半。剩餘的人面對這棘手的處境思考著究竟該怎麼辦，畢竟只有一個人能在每一百萬年裡脫穎而出。

如果他們決定繼續行旅，勢必得面臨更糟的處境。更嚴重的是，如果出了什麼意外，他們的家人便無依無靠。

經過很長一段時間，有一群人堅持繼續他們的追尋，他們相信無論發生任何事，只要有決心都能克服。於是他們決定砍樹造船渡河，他們用雜草綑綁和固定木材，打造了一個巨大的桅杆，並用他們的衣物做成可以隨風左右導航的風帆。

當第一組人馬開始動工時，其他人很快地也響應追隨，很多旅伴們自動自發地分組做起相同的事，他們都希望能穿越到河的對岸。

其餘的人則分頭打造帆船、木筏、小船、划艇等任何能幫助他們渡過洶湧河流的工具。

他們打造了各式大、小船艇，甚至是僅能容納兩三人的小筏。接著，他們唯一能做的是耐心等候，等待狂暴的河水變緩。

過了六個月後的某日早晨，有一人跑向河岸邊大呼：「醒醒，拉奇！河水今早看起來似乎挺平靜，但這狀態可能維持不久，我們應該趁此時機坐上我們的大船出發。」拉奇的摯友埃托興奮地說道。

拉奇和他的朋友們趕去河岸邊，驚訝地發現河水變得平靜許多。但他們不確定這樣的狀態能維持多久，於是所有人趕緊準備好大船渡河。其他人見狀也紛紛準備啟航。

就這樣，大大小小的船隻、木筏載運著人和物資陸續駛入河流。正當多數的船隻行進至一半時，突然一陣狂風襲捲而來，造成河岸邊的小村莊滿目瘡痍。有些還留在岸邊的人和船全被這陣莫名強風吹得不知去向，這股大自然的狂暴力量也帶走了許多人的生命。

較慢出發的人還來不及將船駛向河流，便不幸地被暴風吹走，其他倖存的人所幸因抱緊河邊的大樹而逃過一劫。

　　那些經歷最初風暴而存活的人乾脆砍斷樹幹，期望他們抱著樹幹能隨著風勢被吹向對岸。在船上的人驚恐地回頭看著河岸邊的景象和一個個在河裡載浮載沈的夥伴，憐憫之情油然而生。

　　在船上的人開始意識到這趟旅途並非易事，他們面臨的所有事似乎越來越考驗著他們。他們根本無法預測在暴風結束之前是否到得了對岸，也無法預知強勁的洪流何時會再起。

　　果然，河水又開始波濤洶湧了起來，緊隨他們身後的暴風依舊肆虐。忽然間，較小的竹筏開始抵擋不住狂風吹襲，淹沒於水流之中。

水流益發強勢直到連中型的船隻都無法承受，划艇和木筏甚至是中型的船隻都被沖離他們原先計畫的航道。不僅如此，當岸邊的暴風襲向他們，所有禁不起狂風和狂流的船隻都被迫四散，唯有承受得起風浪的大型船隻還留在河面上。

　　一切陷入混亂，只有設計堅固、打造紮實的大船抵擋得住大自然強大的力量。很快地，許多船隻開始崩壞解體，船上的人們被迫跳船或因翻船而跌落河中不復見，極少數人夠幸運隨著河流被沖到對岸。

一艘大船像一間結構堅固的房子，

當遇到風暴和危險時，

堅固的房屋更能抵禦這些阻礙人生前行的危難。

一艘小船則像結構薄弱的屋子，

遭遇風暴和天然災害時，

即便只是小小的阻礙，

結構不堅實的小屋都無法承受。

有幾艘較堅固的船和少數人終於挺過困難的第一關，順利抵達暴河的對岸。

這條河，可說是他們所遇見的第一個考驗，摧毀了將近五十萬人的意志。原先決意橫渡河至對岸的百萬群眾如今已縮減為一半。不僅如此，他們業已浪費了數月的時間在河岸等待狂流的變化。

拉奇和他的朋友們打造了一艘堅實的船，儘管水流洶湧還有暴風侵襲，總算輕鬆地戰勝了這狂野之河。

他們的船是數以千計的船隻中最堅固的，因此比起千百艘試圖冒險渡河過岸的船筏，更有幾成存活機會。

總算成功上岸的群眾十分興喜，因為他們發現了第二塊石碑，同時了解到自己正朝對的路線前進。石碑上刻著這樣的字……

啟示碑
TABLET

:

當人們籌備計畫的那一刻起，艱困考驗必隨之而來。

每個人都被慾望驅使，

他們以為很多東西唾手可得，

因為人類已隨著時間推移變得更加聰明。

當人們面臨無法克服的阻礙時，

許多人都會決定放棄。

半數以上的人會輕易地半途而廢，

且總有冠冕堂皇的理由作為藉口。

另一半人則是未能付出努力實踐。

他們終究也因缺乏積極的作為和意圖而成為輸家。

由此可知，看似容易之事都可能演變成為難題。

幸運之神
The God of Fortune

3

戰勝內心的恐懼

The Monster

百萬人為了尋找他們的想望而踏上旅程，這百萬人朝北方前行，因為他們不想迷失方向，或是在不確定人生真正的方向和道路之前，漫無目的地遊蕩。

　　這百萬人中有半數在面臨第一個考驗時喪失意志，剩餘的人試圖渡過狂暴的洪流，但當中也有許多人失敗。

　　有些人建造了不堪一擊的船隻，於是當遇到暴風驟臨時只落得支離破碎、四分五裂的解體下場，有些船隻甚至連船帶人消失於河流中。

一百萬人中只有十萬人能跨越障礙，堅決不向挑戰屈服。這些人開始運用他們富創意的思考，並比別人更努力工作，這是幫助他們超越困境的原因。

以機率和比例而言，十人之中往往只有一人能克服困難，因此在如此眾多近百萬的群眾當中，只有十萬人能突破考驗。

橫越河流只是眾多考驗當中的第一關，而這事件區分出泛泛之輩與不凡之人，這兩種人或許有著相同的身體素質，但腦中的意念卻是天壤之別。

拉奇與剩餘的十萬人一同往北方前進，他們不浪費分秒，連夜趕路，也毫不懈怠休息，因為他們覺得在建造船隻和等待暴風和狂流消退時，已休息得夠多了。

拉奇與夥伴們繼續著他們的旅程，直到列隊前方有人見到了第三塊石碑而興奮地高聲大叫。

　　第三塊石碑上刻著⋯⋯

啟示碑
TABLET

十人之中有五個人會輕易地放棄夢想，
他們只是在腦中計畫卻從不付諸行動，
這讓半數的人在追逐夢想前止步。

無法實現夢想的人往往都是
那些先假設自己做不到的人。

就這樣，
人們只不過是找一個好理由，
好讓自己不因為放棄目標而感到羞愧。

最終，
十人之中只有一人能戰勝艱困的考驗。

幸運之神
The God of Fortune

在一行人往北前行時，他們看見了一座巨大的山，山壁上掛著一塊牌子寫著「**前有殘暴怪物**」。

許多人因此感到害怕甚至開始哀叫，哀嚎之聲從整個隊伍前方傳到了尾端。

十萬人中的各個小團體紛紛交頭接耳討論起這個狀況，每個團體都有不同的意見，有些團體說道：

「與獨眼巨人決鬥令人恐懼。」

「有十隻手臂的怪物感覺很可怕。」

「我們有聽過傳言說怪物喜吃人類，牠們一口就可以吞食千人呢！」

「怪物都是成群生活，還會互相幫忙獵抓人類。牠們會先扭斷頭吃掉後再吐出顱骨，然後再啃食手臂、腳、最後就是我們身軀。牠們之前吃掉的人骨堆得如山高啊。」

隨著每個團體思索著如何面對眼前的挑戰，他們變得越來越妄想多疑，有些是為了做好更多準備，有些純粹想遠離這座巨山。

很快地，有些團體決定掉頭，其他人看見踏上歸途的夥伴，堅定的信念也開始動搖了。

背棄原先任務的人數日益增多，最後只剩下一半的人留下。選擇回家的人最主要都是因為心生恐懼。

大多數人將自己的恐懼藏於心底。

很多時候他們對於可怕的怪物、
殘暴的動物或巨人想像過度，
事實上他們根本不了解也不曾見過牠們。

當某一事件發生時，
人的潛意識和想像力會急速發揮，
而對還未發生的問題憂慮擔心。

人們常常與未知的事物搏鬥，

但在那之前，

需先戰勝自己內心的恐懼。

如果我們任憑自己的想像力無限發揮，

結果可能是出乎意料的可怕。

剩下的人聚集起來，決定一同製作武器來對抗怪物。他們花了相當多時間製作武器，為穿越山城的路途做好準備，傳聞從未有人活著離開山城。

兩個月過去，每個人現在都有了一副竹子做的盾牌及一把以石頭磨得尖銳的木矛。他們全副武裝，並練習各種戰術，包括投擲石頭攻擊體型可能更巨大的生物，也製作了大量的弓箭。

儘管原先的十萬群眾銳減一半至僅剩五萬人，但他們配備齊全，隨時做好戰鬥準備，迎戰傳說中的吃人怪物。

前一晚，所有人都在為翌日的大戰做準備，他們不忘向上蒼祈禱，也惦記起在家園的家人，但大家更想知道的是——如願遇見幸運之神的未來會是什麼光景。

「睡不著嗎？拉奇。」埃托問道。

「你呢？你怎麼也睡不著？」拉奇回他。

「我不知道明早究竟會是什麼狀況，但可以確定的是，我們將會面臨人生一大挑戰。」埃托說。

　　「你真的這樣想嗎？」拉奇加重了語氣質疑他的想法。

　　「是啊！為什麼這麼問？」埃托好奇地問道。

　　「我們的想法一樣！我也覺得這是我人生中第一次面對我從未見過的怪物。但這是我與摯友們齊心協力渡過狂河之後，又能並肩作戰的第二次機會，我希望這會是一個值得告訴我們的鄉親講述給我們的孩子們聽的精彩故事。」拉奇答道。

　　「嗯嗯，不過我們的思考和團體中的其他人可能很不一樣。大部分的人已經開始因恐懼而胡思亂想，有些人甚至害怕到想像怪物是個獨眼或有十隻眼睛的龐然大物，或是有四隻或十隻手臂、有著黑色或紅色等其他各種顏色的身軀……」

「但事實上，他們當中沒有人見過巨怪。他們只是從長年以來聽聞數百數千次的故事中去想像。講故事的人總說自己沒親眼見過怪物，這一直是從世代祖先流傳下來的家族故事。」埃托補充道。

　　「我們應該早早就寢，好有體力和這些傳說中的巨怪奮力一搏。」拉奇如此說道，並向好友道了晚安。

　　「晚安！」埃托闔眼前也回了他。

　　在繁千星光和寒冷的黑暗中，所有人平靜地入睡。

　　清晨來臨，所有人都準備好要與巨怪拼鬥。他們達成共識一起入城，並如計畫組成一列戰略軍隊。

　　他們行經過山壁上巨大的標示之後開始改變隊形，分成了左右側翼和前鋒部隊。

所有人都成了積極迎戰的士兵，渴望著與百聞不如一見的怪物決一生死。

　　他們列隊昂首站立，每個人全副武裝配備一把弓箭、矛、劍、石頭，除此之外，每個人還攜有一把短劍上戰場，隨時近距離迎戰怪物。

　　軍隊和諧一致的踏步聲迴蕩山谷，彷彿在表示一切已準備就緒，這為某些相較起來較膽小的人們帶來了勇氣和力量。

　　準備就緒的軍隊當中滿是素有謀略戰術的士兵，他們開始行軍前進。走了很長一段距離，卻一直未見巨怪出沒的跡象。很多人開始擔憂起來，因為他們距離入口很遠了，但並未發現任何動靜。

不是所有人都如充滿自信心的人
那般勇敢堅毅。
但是對於那些蓄勢待發的人來說，
萬全的準備能幫助他們更有自信。

當人們身處士氣高昂的群眾和氣氛之中，
勇氣也會加倍。

在他們前方籠罩著一層如厚毛毯般的濃霧，不透明的顏色像是雲彩般覆蓋著廣大的區域，然而，一行人仍舊鬥志昂昂，逐步進入濃霧區。

伴隨著腳步聲，他們持續向前行進，但步伐逐漸變得緩慢，直到沒有人聽得見其他人的腳步聲。一切事物彷彿靜止，只聽得見飄忽的風聲。

突然間，濃霧變得厚重到每個人都看不見走在身旁的人。來自一個龐然巨物的腳步聲撼動地面，且似乎朝著軍隊而來。當其他人都還看不見任何事物時，膽子較小的人大叫見到怪物的身影。他們驚愕地看向其他夥伴，夥伴們卻滿臉狐疑，看得見的人當下覺得自己十分孤獨無助。

有些人因恐懼而延伸出瘋狂的想像，進而混亂失神，他們腦海中的食人怪物有著各種樣貌且鮮明生動。

濃霧使得每個人覺得自己彷彿是孤獨的，人人開始感到孤單無助、被遺棄而恐慌絕望。他們覺得自己頓失依靠、毫無同伴奧援，宛如與全世界失聯。

寂靜讓巨人們浮現，有些人看到獨眼、十隻眼睛和甚至長了百隻眼睛的嚇人怪物；有些人則看見長著三個頭及紅色身軀的怪物，牠手中握了把斧頭，體型是所有人的三十倍巨大，大家根本不及怪物的膝蓋高；有些人看到一個綠色身軀、肌肉粗壯的怪物，手上拿把巨大的鐵鎚，體型是所有人的二十倍大，每朝軍隊走一步就以鐵鎚重擊地面威嚇，軍隊的士兵們腦海中想像的怪物形象越發鮮明清晰。

駭人的怪物引發每個人的想像，大家根據童年聽過的故事和傳言創造出各種形體和大小的怪物們。最終，怪物的身影深埋於他們的潛意識中，使得每個人只看見自己詮釋的怪物而看不見別人眼中的怪物。

想像中的怪物

想像中的怪物

想像中的怪物

想像中的怪物

人們心中都住著一個怪物，

牠們有著各式各樣的面貌，

這是因為每個人的想像力有所不同。

當人們各自經歷終極的恐懼時，

他們的潛意識會形塑出殘暴的怪物，

根據其隱藏的恐懼類型，

怪物的外貌也迥異。

傳說中的食人怪物對每個人而言都是真實故事，並且不斷被傳述成為每個家庭的共享記憶。這是因為每個人心中都藏著憂慮和恐懼，當他們極度害怕時，無論是透過語言或腦海想像，便會不斷重複形塑怪物的行為，特別是在他們身處於惡怪聚集之地時。

　　一些感到害怕的人開始驚慌失措，其他站在一旁的人即使不見彼此，但聽到可怕的尖叫聲也開始四處逃竄。很多年輕人轉身逃跑，不停地跑，因為他們覺得怪物正追逐著自己。

　　他們看見一隻黑色的怪物，甩動著嵌著尖釘的黑色鐵球為武器；還有一隻身上披了張虎皮的藍色怪物；另外有隻棕色的禿頭短腿怪拿著雙頭矛追逐著人群；還有個粉紅色的巨人有著尖銳的暴牙；更有人看到一隻多眼食人怪不停地狂吼如象。

　　埃托和拉奇在一片混亂中分散了，但他們看見的怪物並不如其他人眼中的那麼可怕。勇敢且內心毫無畏懼的人並沒有隱藏的心魔，也因此他們的潛意識創造出來

存在於每個人心中的怪物，

其實是從小就被深植腦海且陰魂不散直到成年。

一個從小接受良好的養育、

且一路獲得許多金玉良言的孩子，

能夠成長為一個為人著想、思慮周到的大人。

相反地，

一個從小未被善待、未受良好教育長大的孩子，

耳裡聽見的總是無禮和粗暴之語，

長大後便會成為思想邪惡的大人。

的怪物看起來沒有那麼的邪惡不堪。正當其他人宛如孤軍奮戰時，這讓這對好夥伴能在沒有奧援的情況下擊敗怪物。

恐懼的尖叫聲中混雜著倉皇跑步聲和數千人搏鬥的聲音，從早晨持續至傍晚，混亂才終於平息。濃霧慢慢散去直到每個人開始能見到身邊的旅伴們。每個人都因為激烈的戰鬥而汗流浹背。

在這場戰役之後，許多人逃跑了。一開始有十萬人進入可怕的食人怪領地，但有一半已在途中落荒而逃，剩餘的五萬人走進了怪物之城，最後，當濃霧危機解除後，留下的人才意識到整個群眾縮減至只剩一萬人。

他們打算在日落之前離開怪物的領地，因為大家都想遠離這個他們長久畏懼之地。

那一萬人頭也不回地衝出這怪物之城，所有人都在黑夜來臨前離開那裡。在他們繼續朝北前行的途中，他們又發現了許多幸運之神留下的啟示碑。

啟示碑
TABLET

十人之中有五個人會輕易地放棄夢想，
他們只是在腦中描繪藍圖卻從不付諸行動追求。

半數的人因恐懼而放棄追逐夢想，
當恐懼佔據心志，人們會開始妄想。
他們將所害怕的事物形塑成各種形體樣貌，
在還未遇到危險之前就杞人憂天。

十人之中最終只有一人可以擊敗心魔，
戰勝自己想像出來的絆腳石。

幸運之神
The God of Fortune

啟示碑
TABLET

人們都有深藏的潛力只是甚少使用它。

一般人往往過度發揮想像力，

卻很少積極行動。

真正的行動者，

總能從想像成功的未來而獲得力量。

能夠發光發熱感染身邊的人，

且可以摧毀恐懼的力量，

我們稱之為潛意識的力量。

任何懷正念、做好事、說好話的人

都會迎向美好的人生。

這樣的人會擁有堅毅而強大的潛意識。

潛意識強大的人能夠克服人生中的任何困難。

幸運之神
The God of Fortune

啟示碑
TABLET

任何懷正念、行善舉、説好話的人，
能擁有美好的人生，
這樣的人我們稱之為「正面積極」的人。
一個正面積極的人能創造具建設性的想像，
為自己帶來助益。

每個人的一生，
無庸置疑都會面臨無止盡的挑戰，
正面積極的人，
往往會將自己遭遇的所有事視為是人生必經的考驗，
這樣的想法使他們更強大，
面對難關更游刃有餘。

幸運之神
The God of Fortune

啟示碑
TABLET

人們永遠得與自己內心的恐懼搏鬥，

有時贏，有時輸。

擁有堅強心智的人，

總能擊敗存在他們心中那個邪惡的巨怪。

至於意志力薄弱的人，

居於他們心中的巨怪，

會吞噬他們心靈中美好的本質直到蕩然無存。

這樣的人會成為沒有靈魂和生命力、

也無法感受快樂的空虛軀殼，

他們唯一僅剩的只有惡念。

幸運之神
The God of Fortune

啟示碑
TABLET

存在於人們心中的殘酷怪物有著不同的樣貌。

有些是仇恨之怪、

有些是貪婪之怪，

還有自私之怪、

妒忌之怪、

憤怒之怪、

懶惰之怪、

忘恩負義之怪、

狂熱之怪、

愚蠢之怪。

幸運之神
The God of Fortune

啟示碑
TABLET

仇恨之怪

對於那些壓抑內心憤怒且不懂得何謂寬恕的人，
在他們心中出現的怪物是憤怒的積累。

當他們見到自己憎恨的對象變得越來越成功，
他們只會感到越加忿恨。

他們會透過誹謗意圖貶低他們的敵人；
他們會捏造不實的故事，
更助長怪物的壯大；
他們的滿足建立於看見自己憎恨的人淪為弱勢。
這樣的不懷好意，
只會讓幸福遠離他們的人生。

幸運之神
The God of Fortune

啟示碑
TABLET

貪婪之怪

過度野心勃勃的人，
容易被權力誘惑且看重金錢更勝友誼，
這樣的人心中的貪婪之怪便會壯大，
抹滅了對愛和友誼的付出。

貪婪之怪會迫使人們做出惡行。
有些人為爭財產殘害父母；
有些人為了權力地位罔顧手足之情；
有些人為了錢加害朋友；有些人為了名利傷害身邊親友。

任何心中住著貪婪怪物的人，
將會變成一個喪失人性、惡毒的人，
往往會無情地毀滅甚至殘殺他人。

幸運之神
The God of Fortune

啟示碑
TABLET

自私之怪

只在乎取悅自己、毫不關心他人，
發展出只求個人快樂的心理需求。

有時，人們會把自己當成世界的中心，
蔑視周圍一切，對於他們不想參與的事永遠會為自己找藉口。
對於任何事，只想著對自己是否有益，
而不曾思考這些獲益是否來自於對他人的不當之舉。

自私之怪使得人們道德淪喪且不顧應有的敬業精神。
有些人在乎個人利益勝於一切，
進而沉溺於追求金錢、財富或值錢的物品。
心裡住著自私怪物的人，
會變成唯利是圖、缺乏恢宏氣度的利己主義者。

幸運之神
The God of Fortune

啟示碑
TABLET

妒忌之怪

對於那些心底深處黑暗的一角
藏著嫉妒之心的人，
妒忌之怪便會在他們心中日漸壯大，
扼殺關懷、愛和友誼之情。

妒忌之怪會導致人做出極為可怕且不當的行為。
有些人熱衷於和別人比較擁有的
財富、權力、金錢和名利。
心中住著妒忌之怪的人滿腦子只充斥著仇很，
可以毫無憐憫之心的傷害他人。

這樣的人終將喪失人性。

幸運之神
The God of Fortune

啟示碑
TABLET

憤怒之怪

一個心中長期累積憤怒的人，
就像個隨時可能引爆的炸彈。
憤怒之怪將會毀滅一切包括此人身邊的人。

憤怒使得人們毫不經思慮和意識做出驚人之舉。
有些人讓憤怒的情緒主宰人生，
任憑毀滅的力量肆虐製造混亂。

腦中住著憤怒之怪的人會喪失判斷是非的能力。
本質或許善良的人，
可能因憤怒的支配而讓強大的破壞力量毀壞人生，
然而當他們恢復清楚意識時，已後悔莫及。

幸運之神
The God of Fortune

啟示碑
TABLET

懶惰之怪

對於生性怠惰、對工作興味索然的人，
懶惰之怪會使得他們的生活分崩離析。

懶惰之怪會阻止人們做應該做的事，
同時放縱他們做不該做的事。

有些人無謂地浪費生命因為毫無人生目標，
也從不思索自己想做的事。
被懶惰之怪佔據心靈的人會變得極度怠惰。

當人們罔顧工作、學習和教育時，
他們將永遠無法認知到自己的重要性和生命的價值。

幸運之神
The God of Fortune

啟示碑
TABLET

忘恩負義之怪

對於別人對自己的付出不懂得感恩也毫無覺察的人，
忘恩負義之怪會使得他們失去做人基本的道德倫常，
會迫使他們做出傷害曾經對其有恩之人的行為。

當人們欠缺感恩的心時，
他們不會懂得感念他們所居住的、
孕育它們的國家和土地，
也不會對父母、老師和支持他們的人心存感激。

心中住著忘恩負義之怪的人，
永遠都無法成為成功之士和體會真正的幸福。

幸運之神
The God of Fortune

啟示碑
TABLET

狂熱之怪

對於抱有過度狂熱激情、內心不純真且有缺陷的人，
狂熱之怪會活活吞噬他們，
對他們及家人們造成傷害，
會使人們無法控制自己。

有些人瘋狂沉迷於名利、頭銜、金錢、財富、毒品和賭博。
心中住著狂熱之怪的人，
容易被世俗稱許的財富表象和身份地位所誘惑，
而陶醉於只能給予他們短暫滿足感的事物，
這樣的人永遠無法擁有真正且持久的幸福。

幸運之神
The God of Fortune

啟示碑
TABLET

愚蠢之怪

愚蠢之怪讓那些痴傻愚昧的人犯錯而不自知，
使人們做些不該做的事。

不思學習和尋求知識的人，
結果就是變成愚蠢的人。
心中住著愚蠢之怪的人，
往往會自以為是而做出錯誤的事，
愚笨的腦袋使得他們不斷因無知而犯錯。

儘管如此，
沒有人會認為他們是因為無知或知識有限而覺其無辜。
因此，他們總是不斷重蹈覆轍，將小問題變成嚴重的問題。

幸運之神
The God of Fortune

4

試煉與忍耐

Endurance

從隱藏於他們心中建構出來的怪物之城死裡逃生後，拉奇、埃托及萬人同伴們沿著一連串的啟示碑前行並閱讀了上頭的刻文。

他們了解到所有他們見到的巨怪，其實都是衍生自他們的潛意識和腦中想像。

有些表面看似善良又溫文儒雅的人，內心或許既刻薄又悲觀。事實上，經歷這個考驗後，每個人的內心和腦中都有著不同的體悟。

關於每個人心中隱藏的東西旁人是不得而知的，然而，當人們經歷一段極其孤獨的時間時，內心隱藏的想法和情緒會無意識地表露出來。

倖存下來的一萬人繼續沿著他們選擇的路線前進。他們一路走著走著，直到抵達一座沙漠，在這裡，陽光似乎變得越來越毒辣，每個人都開始感到口乾舌燥。

但他們仍未停下步伐。許多人在旅程中灌飲越來越多的水，但烈日底下的高溫只是讓他們加倍口渴。大家漸漸處於乾渴衰竭的狀態，但他們已在三天前用盡了最後儲存的水了。

在炎熱的沙漠當中缺少水和食物，使得許多人失去動力，最後變得虛弱。很多人上路前並未事先儲備糧食，也因此在最需要的時候只落得缺糧斷水。

許多人並不預先思考和計劃，

他們只想著解決手邊的問題。

會產生現有的問題，

即意味著他們對於人生缺乏事先周全的規劃。

很多人注定失敗，

就是因為他們盲目行事、欠缺計畫。

很多人開始因為食物和飲用水不足，而被橫越沙漠的嚴酷所擊垮，在灼熱的太陽下倒地不起。

儘管這些年輕人數度險中逃生，但他們難以承受體力不支且病弱的身體狀況。

他們極度需要糧食和水份補充體力。因為不知道何時才能發現更多的食物與水，有些人省吃省喝以維持基本體力，同時避免快速消耗他們的補給品。那些不支倒地的人便是因為缺乏遠見，最終因食物和水匱乏而撐不下去。

許多人開始脫隊，但剩餘的人依舊行走著，儘管速度越來越緩慢，他們還是一步一腳印的前進。

對生活預先規劃的人，

總能在問題發生之前就設法避免。

事前計畫好比是預知狀況。

無論對於工作或是其個人生活，

一個好的領導者永遠都會事先做好周詳的計畫。

我們仍舊向前邁進。

無論發生什麼事，

人生還是得繼續。

這萬人當中有些人開始在沙漠中看到海市蜃樓,遠方沙洲反射出來的陽光映射到他們的眼中,成為一種虛幻的景象。有些人看見像是綠洲或湖泊的水資源;有些人則看到食物。

但是當他們越走越近,所有他們見到的東西根本不存在。他們看到的只是一片荒蕪。

倒在沙地上的人數從一個變十個、然後百人、千人,到最後增加到千百個,這讓整個隊伍的人數急遽減少且稀落分散。

越來越少的人能承受烈日灼身下的沙漠行軍,到最後,原本一起入城的一萬大軍只剩一千人撐了過來。

當人們極度渴求某些事物時，

往往會看到與事實有所出入的東西。

多數的人認為他們期望的東西都是好事，

而別人想要的則毫無價值、不值一提。

因此很多人會蔑視他人的想法、需求和夢想。

但那些輕視別人的人，

卻不曾意識到自己想要的也只不過是幻想。

節約且妥善分配資源的人，

會預先儲備所需，

不愁未來供給；

浪費資源的人，

則不會設想未來、預做準備。

當面臨生存必要的狀況時，

這些人只得落得資源耗盡的窘境。

在第七日夜晚，僅剩一千人在沙漠中倖存下來。

　　正當他們行至沙漠邊緣時，發生了一個奇妙的景象，大夥看見鄰近的土地成了一片茂密的森林。

　　大雨突然降下，一群人欣喜地高聲歡呼，因為他們已許久不見任何水的跡象。

　　有些人在身心靈瀕臨極限之下喜極而泣，過人的耐力讓他們一路上克服了種種困難。所有人開始互相擁抱，回想著這一路來一起對抗與克服的艱困磨難與考驗。

這世界其實並沒有什麼改變，
是人類的耐力日漸低落。

人類的耐力展現於不同的面向。

有些人身強體壯，
卻禁不起困難的考驗；
有些人看似纖細羸弱，
卻能承受更多。

人類的耐力可分為肉體和精神上兩個層面。

某些人看似擁有優異的肉體承受力，
精神上的耐力卻較為薄弱；
有些人雖然貌似有卓越的心理忍受力，
但在面對一些試煉時，
可能無法控制心智而受壓力影響。

為了追求舒適而發明越多的硬體設備，

只會降低我們的忍耐力。

人們或許不會覺察到自己的耐力正減弱當中，

直到面臨嚴重危急的狀況，

這才意識到我們的承受力已大不如前。

在他們行至沙漠與一大片茂密樹林交接的邊界，某人高喊著見到另一塊石碑。

他興奮地邀所有一路一同奮戰過來的夥伴們上前見證啟示碑上的刻文。拉奇和埃托，這兩個成功穿越沙漠、共患難的摯友也在雨中跑向前，和其他一千名群眾一起讀起上頭的碑文。

啟示碑
TABLET

許多人漫無目標、不知為何而活地度過一生。

對於那些長久以來生活空虛的人，
當他們有天想要提升自我價值，
為了工作亦或個人方面實現更美好生活而設定目標時，
總會遭遇意想不到的阻礙。

改變人生從來不是件輕鬆的事，
阻礙後隨之而來也不一定是平順的人生，
相反地，前頭有更多難關等待著他們。

他們遇到的挑戰皆是棘手的問題，
會使人放棄那個想改變自己的念頭，
十人之中總有九個人會思索放棄。

幸運之神
The God of Fortune

啟示碑
TABLET

當人們面對難題而無法解決時會想要放棄。

讓人半途而廢的往往不全是環境的條件，

而是軟弱的自己。

雖說如此，

大部分的人失敗時總怪罪周遭的環境，

例如身邊的人、

甚至是氣氛和天氣，

卻從不會歸咎於自己。

幸運之神
The God of Fortune

啟示碑
TABLET

隨著人類演化，
人們學會對事物有需求。

有些人編織美好的夢想；
有些人抱持著遠大的理想，
但所有人們想要的東西絕非垂手可及。

人們總渴望自己沒有的東西，
且無法滿足於已擁有的。
更糟糕的是，
有些人會以卑劣惡毒的言行傷害他人。

很多人希望獲得自己渴求的美好愉悅的事物，
卻試圖阻止別人追求他們想要的目標。

幸運之神
The God of Fortune

5

面臨抉擇的洞穴

Alternatives

剩餘的一千人走入了濃密的樹林，他們皆通過了幸
運之神的考驗，然而這當中只會有一位能突破所有難
關，終其一生獲得幸運之神的眷顧。

　　許多人已在漫長的路途中迷失或脫隊，一路上艱辛
的挑戰讓恐懼逐漸掠奪多數人的心念。儘管如此，很多
人還是勇敢面對重重阻礙，甚至更積極迎戰，因為他們
了解到這是人生不可迴避之事。他們遇到的危難並非巧
合，而是每個人遲早都需面對的人生一部分，即使今日
逃避了它，未來有一天依舊會遭遇。

多數人不敢面對人生的挑戰，而傾向選擇逃離，

不管這樣的挑戰是否真如想像嚴峻，

人們總會設法逃避遠離它。

殊不知挑戰並不會就此消失，

我們只能獲得短暫的僥倖，

總有一天還是得正面交鋒。

唯有敢於面對所有問題的人能存活下去。

對於能夠承認自己能力有限、
並且認清自己並沒有與生俱來的才華和特殊能力的人，
若能在接受現實的當中，
持續地磨鍊、奮鬥、勇敢正視並對抗人生難題，
才能擁有更堅強的心智面對挑戰。

而唯有懷正念、說好話、行善舉的人，
能擁有堅強的心智。
因為善良與美好的力量，
終能制止萬惡勢力吞噬這世界。

千人隊伍陸續進入充斥著牽牛花藤的森林，因為茂密的牽牛花阻擋了前方視野，使得大家的能見距離十分有限。

　　在這群冒險犯難的人穿越森林的一路上，走在前方的人必須不斷地斬除阻擋去路的巨大樹葉、藤蔓和其他植物。

　　他們很快地來到一個山腳下，見到腳下的土地被劃分成約十個入口，每個看起來像是僅能容納一人進入的小洞穴。

啟示碑
TABLET

十選一的洞穴

這裡有數條路讓你們選擇。

請分成偶數人數的群組之後，

從這十條路徑當中擇一前進。

你們將會找得渴望已久的東西。

選項1	金錢
選項2	黃金
選項3	權力
選項4	金銀財寶
選項5	神的庇佑
選項6	家人
選項7	健康
選項8	財富
選項9	工作
選項10	快樂

無論你選擇那一條路，一定要貫徹始終。

然後你會在前方找到你渴望的東西。

幸運之神
The God of Fortune

啟示碑
TABLET

選項1
金錢

任何首要選擇金錢勝於家人、健康、幸福或工作的人，
一定能獲得你想要的金錢，
但這樣的人會變得貪婪且唯利是圖。

將來他們會缺乏真正的朋友，
因為對他們而言，
一切只取決於金錢和其他貴重物品
這些純粹物質層面的東西。

他們會失去親密的親友和家人，
孤單地擁抱他們的金錢至死。

幸運之神
The God of Fortune

啟示碑
TABLET

選項2
黃金

任何首要選擇黃金的人，

會尋得他們想要的所有黃金，

但這樣的人會變得自私且利慾薰心。

將來他們會變成一個只以自己為出發點思考的人，

因為對他們而言，

一切只取決於金錢和其他貴重物品

這些純粹物質層面的東西。

他們會擁有龐大的資產但不會快樂，

因為他們只在乎他們認為對人生有價值的事物。

這樣的人，在他們的人生最終章裡只會落得眾叛親離。

幸運之神
The God of Fortune

啟示碑
TABLET

選項3

權力

任何首要選擇權力的人會獲得他們祈求的權力，
但這樣的人會沉迷於爭奪並濫用權力。

多數會選擇權力的人都是受到權力的誘惑，
以致他們往往忘了善良才是偉大的人性典範。

於是他們利用權力殘殺同胞；
利用權力來掌控一切，直到身邊好友一一離去；
利用權力來打壓非我族類的聲音。

到最後，人們會開始咒罵甚至反抗掌權者，
而他們的生命最後階段只會落得一無所有。

幸運之神
The God of Fortune

啟示碑
TABLET

選項4
金銀財寶

任何首要選擇金銀財寶的人，會獲得所有他們夢想擁有的寶物，
但這樣的人會變得貪婪且唯利是圖，
無論這些寶物歸屬於誰，他們只想要佔為己有。

這樣的人會窮極所能地追求擁有比別人更多的珍貴物品。

如果他們從事貿易，會為了奪取他們眼中的珍品而欺詐友人；
如果他們服務於國家機關，會為了一己之利欺騙市民；
如果他們密謀某項計畫，想到的也只有財務詐騙行為。

他們的人生只充斥了虛假、詐騙和背叛。
在生命的最後，他們將會遭受背叛如同他們背叛他人一樣。

幸運之神
The God of Fortune

啟示碑
TABLET

選項5

神的庇佑

任何首要選擇神的庇佑的人，

會獲得所有他們祈求的祝福，

這樣的人會因為有上天的加持而邁向成功之路，

但同時也會變得怠惰，因為他們只等著老天的庇蔭而不思努力。

等到有日上蒼不再賦予其好運和祝福時，

他們將完全失去工作的能力。

如同出生在優渥家庭的孩子，

擁有全家人的祝福和父母為其攢積的財富，

但等到雙親不在時，孩子也頓失庇蔭和依靠。

再也沒有任何人會尊重和支持他們，

他們僅有的只有繼承自父母的恩惠，等到父母過世之後，

孩子便一無所有只能坐吃等死。

幸運之神
The God of Fortune

啟示碑
TABLET

選項6
家人

任何首要選擇家人的人，
能覓得他們期望擁有的一個溫暖家庭。
他們會成為暖心的人，
與他們無論是熱鬧的大家庭或是溫馨的小家庭
一同快樂地生活。

十個人當中會有一個人選擇家人，
這些人做任何事會優先考慮如何讓家人更幸福。

這些人的身旁已有幸福之神隨行，
他們已不需要幸運之神的眷顧，
因為他們已擁有幸運和快樂。

幸運之神
The God of Fortune

啟示碑
TABLET

選項7
健康

任何首要選擇健康的人必能擁有健康的體魄，
這樣的人會變得身強體壯。

當多數人都選擇金銀財寶、權力和神的庇佑時，
十人當中只有一個人會選擇健康。

當一個人擁有所有寶物、金錢、
財富、權力和神的祝福卻體弱多病，
那他也不會有機會享有這一切。

因此，身體健康比起金錢及任何貴重物品
來得更有價值。

幸運之神
The God of Fortune

啟示碑
TABLET

選項8
財富

任何首要選擇財富的人必能獲得一筆可觀的資產。

選擇財富的人和擁有金銀財寶、金錢、

黃金、權力、神的庇佑的人相似,

只是這樣的人會落入兩種人格:

一種是成為樂善好施的人,

畢竟他們已擁有一切,便會樂意與人分享。

這樣的人通常是接受了良好正向的教育,

被教導成為一個良善的人。

另一種則是吝嗇、刻薄的人,

即便他們擁有了一切卻永遠覺得不夠,

這令他們永遠渴求更多,也不會感到快樂,

只執著於攫取和占有一切身外之物。

幸運之神
The God of Fortune

許多人並沒有好好照顧自己的身體，
當他們了解健康的重要時，為時已晚。
當他們痛不欲生才會意識到身體出了狀況，
然後祈求從病痛中康復。

他們知道，除了求醫沒有別條路可走，
所有努力攢存的積蓄也只能用在就醫治療。
多照顧自己的身體，多攝取蔬果和魚，
在合理價格範圍內享受好的食物，
別再尋求昂貴但有害人體，甚至有毒的食物。

再製的食材令我們生病，它不僅危害人體健康，
甚至可能令人病痛致死。

如果你熱愛生命也注重健康，

請好好關照自己的身體。

無論青年或是成人，都應時常自我檢查身體狀況，

以保有健壯的身心。

擁有強健的體魄才能擁有幸福，

不受病痛折磨和煩憂困擾，快樂才會常伴你我。

要深刻了解人生和命運的價值，

生病時不應怪罪上天和聖靈，

因為這並非天命，人會生病並不是因為上蒼作弄，

是因為我們不愛惜和照顧自己的身體。

規律運動和攝取好的食物

才能為我們帶來健康和幸福。

啟示碑
TABLET

選項9
工作

任何首要選擇工作的人必能獲得他預期的工作機會。

選擇工作勝於其他事物的人，一定會在人生將盡之前獲得成就。

勤奮的人會成為人生贏家，對於工作付出努力和耐心的人，

會從他們創造的成果中得到反饋。

他們會因為辛勤工作成為快樂的人，

他們專注的意向令他們不會感到疲憊，

積極的鬥志令他們更有耐性。

懶惰而不思工作的人，總是妄想獲得出色的成績或實質報酬，

殊不知像這般做著白日夢的人，只會面臨失敗與失望，

因為當他們面臨到困難時往往半途而廢。

幸運之神
The God of Fortune

啟示碑
TABLET

選項10
快樂

任何首要選擇快樂的人必能找到真正的幸福。

這樣的人會成為一輩子快樂的人，

無論他們貧窮或富有，

只要他們心中體認快樂的真諦便能永遠幸福。

十人之中只有一個人會選擇快樂。

大部分的人往往選擇金銀珠寶、權力或是神的庇佑，

他們並不知道再多物質上的資產都買不到快樂。

選擇快樂這條路徑的人已是幸運之人，

同時也不需要幸運之神賜予其運氣和財富。

幸運之神
The God of Fortune

許多人尋尋覓覓心中想要的東西，

有些人失敗，有些人成功。

人人皆有不同的需求，

要實現心中的想望必先經歷許多人生難題。

有正面勵志的故事，

也有令人遺憾的負面教材，

無論哪種人生經歷

都伴隨著快樂、悲傷、愉悅、滿足與分離。

每個故事都是關於生命，

因它真實而豐富。

真實的生活並非萬事俱備，也並不完美。

真正的生活必須面對很多事情。
若將人生比喻為食物，
一個一輩子不曾面對任何阻礙和困難的單純人生，
就像淡而無味的食物一樣引不起食慾；
而一個克服種種挑戰、經歷過快樂、愉悅滿足、
失望、挫折沮喪與悲傷的人生，
就像一盤色彩繽紛、引人食指大動的佳餚，
充滿酸甜苦辣鹹各種風味於一盤。

那繽粉多樣的色彩和引人食慾的滋味，
總能令人感到興奮和刺激。

6

生存之劍

Swords

這千人自行分成了十個百人小隊，分別進入了十個洞穴裡。

每個小隊都獲得了幸運之神的祝福和加持，找到了他們想要的東西，所有人都感到心滿意足。在找到洞穴中他們所渴望之物後不久，他們也找到了出口。

當每個人抵達洞口時，一道白色的光照射下來，明亮炫目以致他們不得不緊閉雙眼。等到睜開眼時，和他們一同進入洞穴的夥伴們都已消失不見。

在幸運之神的法力之下，他們全被送回了各自的家鄉。

由千人群眾分成了百人的小隊，和他們各自渴求的金銀珠寶、財富及權力一起回到了家園，只有一組人並未被送回家。

除了選擇「工作」洞穴的人之外，其他選擇金錢、黃金、權力、金銀財寶、神的庇佑、家人、健康、財富和快樂的人，全都被幸運之神遣送返家。

當其他人已獲得他們想要的一切的同時，選擇「工作」洞穴的人似乎不得不面對更多的艱難，這近百人必須繼續他們的行旅，因為他們出於自願選擇了工作。

啟示碑
TABLET

十分之九的人選擇其他比工作更安逸的事，
僅有十分之一的人會選擇工作。

十分之九之所以傾向選擇金錢、財富和權力，
是因為這些東西可以讓他們的生活更舒適。

人們追尋物質上的貴重物品，
或許能讓他們一開始比較輕鬆，
但隨著財產、權力、神的庇佑逐漸消耗殆盡，
最終還是得面臨困苦的生活。

而優先選擇工作的人或許會在一開始便嚐苦頭，
但只要他們下定決心勤奮工作，
必能安養晚年。

幸運之神
The God of Fortune

拉奇和埃托一起進入了洞穴，他們摸黑行走，一片寂靜和黑暗令人心生恐懼，於是他們決定聊天轉移注意力。

　　「拉奇，你為什麼選擇工作的洞穴？」埃託問著他的好哥們。

　　「我其實也不確定，我只是覺得人生沒有不勞而獲的事。」拉奇回答道。

　　「什麼意思？我不懂。」埃托感到好奇地問。

　　「你可能無法了解，因為你來自一個完美的家庭。你有你的父母照顧你，你的家庭狀況和身份並不算困頓。我們的處境大不相同，你應該知道吧？」拉奇說。

　　「我當然知道。你失去雙親，面對的是比我更多的艱難。連我都驚訝這一路你是怎麼挺過來的。」埃托想知道更多摯友的心路歷程。

「當我飢餓時沒有任何人可以依靠，我得自己去覓食和打獵。有時我無法憑一己之力捕獵到動物，沒有東西可吃、只能喝水以求活下去。」拉奇解釋道。

拉奇說：「覺得冷的時候，特別是天氣轉寒時，我無處可睡，只能躺在穀倉裡堆疊的稻草上，才能安然過夜。當我覺得孤單、渴望有個人能擁抱我時，卻沒有人可以給我愛和溫暖。我人生經歷的所有事讓我了解到，人必須付出努力才能獲得想要的東西。」

「你呢？你為什麼選擇這條路？」拉奇也問相同的問題。

「我加入這趟旅程只是為了讓我的家人看見我的能力。我家已有很多錢財和金銀珠寶，多到甚至超過我們所需。當我還小時，父母就給予我衣食無虞的生活，滿足我的一切需求。我擁有比別人多很多的東西，但我朋友都說，我是一個學不會獨立的孩子，一旦父母死後一定無法自力更生。所以我決定和你一起旅行，好向他們證明我也有他們口中所說的勇氣。」埃托回答道。

「像你這樣含金湯匙出生的人能有這種想法，真的很讓我吃驚。我已見識過你度過許多難關，這已足夠證明你是個勇敢的人了。」拉奇真誠地說。

「謝謝你的鼓勵。我也認識像你一樣出身不好的人，在這一路上我跟很多人聊過，但他們之中有許多人選擇走進了金錢、黃金、權力、金銀財寶、神的庇佑和財富等洞穴，他們的選擇都和你完全不一樣。所以我才好奇你為什麼選擇了工作？」埃托還是充滿疑問。

「這我也說不上來，我只是覺得每個人都有權利選擇他自己的道路，因為人生掌握在自己手上。」拉奇答道。

「可是如果你的選擇是錯的，萬一我們選的是錯的路怎麼辦？你打算怎麼辦呢？」埃托問。

「還能怎麼辦？我們能做的，只是去理解任何我們犯下的錯誤都是人生給予我們的一個重要教訓。我們無法回到過去，改正我們曾經犯下的錯事，我們能做的就是牢記教訓，把它當成一生中必修的課題。」拉奇如此回答。

　　「嗯，說得真棒。我希望我也能把這想法實踐於人生中。」埃托十分敬佩他的好友。

　　「如果你覺得這是個好的想法，你當然可以試著應用於人生中，我們一起努力。」拉奇說道。

　　「那我們就一起前進吧！」埃托遊說他的好友。

　　「嗯，走吧！」拉奇有志一同地說。

每個人選擇自己人生的道路，

並非受迫於誰，

但人們面臨失敗時總會傾向責怪他人。

人們往往責怪周遭的人事物致使他們失敗，

僅有極少數人能接受自己造成的失敗，

而感到自責內疚，

誠實地面對自己犯下的錯誤決策。

凡是傾向責怪他人的人不會懂得自我改進。

他們並不知道塞翁失馬、焉知非福的道理，
犯過的錯也會成為深刻的教訓，
避免將來再重蹈覆轍。

因此，怪罪他人對自己無益，
唯有從錯誤中虛心學習，
才能獲得寶貴的經驗教訓。

於是，有九百人被幸運之神的魔法光束送返家園。

選擇「工作」洞穴的人得繼續他們的旅程。他們不久後發現了一塊石碑，上頭銘刻著「生存之劍」四個字。

啟示碑
TABLET

生存之劍

任何人用這些生存之劍，
殺光所有人成為最後的生還者，
就被賦予機會和幸運之神見上一面。

祝大家好運並歷劫餘生。

請善用這裡僅有的九十把生存之劍。

幸運之神
The God of Fortune

剩餘的百名群眾紛紛接收到幸運之神的指示，告訴他們只有最後的生還者能有機會見到幸運之神本尊。

但遺憾地，僅有九十把生存之劍，於是每個人都衝向前去，爭相推擠搶奪劍，頓時整個洞穴都可以聽見劍鋒彼此撞擊刺耳的聲音。

這景象極度震驚拉奇與埃托，他們萬萬沒想到這些人真的會自相殘殺起來。

「你為什麼不去搶劍？我看你站在那愣了好久。」埃托問拉奇。

「那你呢？我看你也聞風不動。」拉奇也回問。

「沒有什麼東西讓我渴望到足以去殺人以交換。」埃托回答道。

「那我們離開這是非之地吧！」拉奇向好友這麼說著，一起離開互相殘殺的旅伴們。

「那我跟你們一起走！」有十個人也不想陷於相互爭鬥之中，埃托和這些好友們一起離開。

於是，在他們的夥伴們為了一睹幸運之神一面而殺得你死我活之際，百人之中有十個人離開了這殘酷的競技場。

他們因為相同的原因放棄參與這場爭奪的權利，他們終究無意傷害甚至殺死任何人，儘管這或許能讓他們成為贏家。

他們並不想造成任何人不該有的痛苦，也不希望任何人在還未回家與家人團聚之前就受傷或慘失性命。

7

生命之匙

Spoon

放棄爭奪生存之劍的十個人打算就此返家。他們一路邊走邊聊，建立起更深厚的友誼。他們開心地遠離混亂之地，因為無論發生什麼事，他們都堅守一輩子不會去傷害任何人的原則。

　　這十個人絲毫不帶遺憾與懊悔地離去，他們當中很多人來自於不同的城市，他們相互分享自己的人生故事，每個人都對於自己能走到這一步感到欣慰且自豪。

那互相揮舞著劍、爭個你死我活的九十個人，和這十位談笑風生的人，心境截然不同。那殺紅了眼的九十人只想置對手於死地，無論對方是好人或壞人、富人或窮人、權貴或一般老百姓，皆不留情。

　　那九十人中的每個人都認為自己應該成為勝者，與幸運之神見面，但終究只有一人能夠殺光所有夥伴，而獲得至高無上的獎賞。

　　兩群人的心境宛如天壤之別，一群人邊走邊談天説笑；另一群人為了生存不惜殺死彼此，鏗鏘的劍聲依舊持續不絕於耳。

踏上返家之路的這十個人決定在各自分道揚鑣之前，一起吃頓飯，彼此慶祝和踐行，於是互相幫忙覓食。

　　他們走了很遠直到聽不見戰場上的鏗鏘劍聲，反而聽到了瀑布的水流聲。於是他們決定前往瀑布抓些魚當晚餐，做為他們各自踏上歸途前最後一頓共進的晚餐。

　　正當他們涉水而過時，拉奇發現了兩個巨大的石碑，他呼喊埃托和其他夥伴們一起過來瞧個仔細。

啟示碑
TABLET

十人之中有九個人會為了存活下去而殺人。

人們在試圖追尋想要的東西時，
強烈的慾望往往傷害他人，
導致別人的痛苦或陷他人於困境。

這也是招致人們自相殘殺、刻薄待友、
爭奪勝者地位、渴望成為群體中最優秀的人、
蔑視比自己更成功的人、打壓弱勢者
種種為達目的不擇手段的原因。

所有這些慾求，
使得人們從人類的本能轉為野生動物的本能行事，
為了存活不惜一切與人爭鬥，
完全忘記了人性本有的「善性」。

幸運之神
The God of Fortune

啟示碑
TABLET

只有十分之一的人不會選擇殺人以求生存。

這樣的人慷慨有情義、具備同情憐憫之心、

關懷他人、設想周到、平和仁慈。

我們了解人與人之間的關係和友誼的重要性，

這樣珍貴的情誼是金錢也買不到的東西。

無論擲注再多的金錢或黃金，

都無法帶來永恆的友誼。

心地不善良、愚蠢、缺德、惡毒的人，

往往會在好友背後捅一刀並傷害自己的追隨者；

他們甚至會咒罵相挺的老闆，對父母不敬；

他們會背叛朋友，為求自身安逸對他人作出卑劣之事，

是心術不正的一群人。

他們一輩子終將成為自己所犯罪孽的奴隸。

有朝一日他們會因為對他人犯下的罪行遭受到報應。

幸運之神
The God of Fortune

拉奇這幫人認真地讀完石碑上的刻文，但他們不解為什麼在他們已放棄奪劍爭鬥之後，還出現更多石碑。

　　他們繼續順著選擇的路前行，期望能發現更多幸運之神的啟示碑，完全忘了原先的飢腸轆轆。

　　他們越走離瀑布越遠，遠到已完全聽不見水流的聲音。忽然間，他們看見一個巨大的洞穴，洞穴入口處佇立著另一個石碑。

啟示碑
TABLET

用「生命之匙」舀取食物且第一個吃完的人，
將成為傳說中唯一能與幸運之神見面的幸運兒。

祝大家好運、順利完食。

幸運之神
The God of Fortune

他們讀完石碑上的文字之後欣喜若狂，並更肯定自己「拒絕拾劍決鬥」的決定是對的。

他們歡欣鼓舞地想衝進洞穴裡，但洞穴裡一片漆黑讓他們只能爬著進去。他們十個人都不明白為什麼最快完食的人能見到幸運之神，因為他們每個人都餓得要命。

「那如果我們都同時間吃完呢？我們十個都能見到幸運之神嗎？」埃托問拉奇。

「我也不知道……我只知道我現在很餓，我想大夥兒都是。」拉奇跟著前方的夥伴們在黑暗中邊摸索邊回答道。

他們一直走，直到眼前似乎有盞明燈出現，於是他們跟著光源繼續前行，看著它越來越明亮。

他們一直跟隨著光線走到了一個看起來像是宮殿的地方，在這個富麗堂皇的白色大廳裡懸掛著華麗的吊

燈，燈上裝飾著許多精美透亮的玻璃球。大廳正中央擺放著一張很大的長方形餐桌，配有黃金打造的椅子，張狂地映射著大廳的光線，牆上掛滿了許多藝術畫作。

餐桌上鋪著白色的桌巾，而桌巾上擺設了十個黃金做的湯碗，長桌兩邊各放了五個，也各擺了五張黃金做的椅子，總共十張。每張椅子和每個湯碗彼此間的距離都很遠。

「哇！洞穴裡竟然有著像這樣一個地方，簡直像皇宮一樣，真令人不敢置信。」埃托驚歎道。

「我從沒有見過這麼漂亮且金碧輝煌的地方。」拉奇也說道。

「我們來享用大餐吧。畢竟第一個完食的人有幸見到幸運之神呢！」其中一個男生興奮地大喊。

「走吧！我好餓，我打算全部嗑光。」另一個男生邊跑向餐桌邊補充道。

每個人趕忙跑到餐桌前，五個人各坐一邊，彼此相對準備大吃一頓。

　　拉奇和埃托面對面坐了下來，每個人對彼此開懷大笑，即便他們還未見到桌上擺著些什麼樣的食物。他們只確信是神奇的幸運之神創造了這些東西，如同他們之前經歷的許多事情。只是這一次似乎更為特別，所有他們眼前的事物如此奢華、令人嘆為觀止，好像身處於精雕細琢的皇宮一般，這是像他們這樣的平凡百姓一輩子都不曾見識的。

　　這群人坐在椅子上等不及想看看眼前是什麼食物，他們打開了金色的湯碗蓋，看見從碗裡飄升起一股蒸氣，伴隨著可口濃郁的香氣，原來是一碗濃湯，那風味引人食指大動。他們讀了一旁的標示寫著這大金碗裡盛著「香濃的玉米濃湯佐以蘑菇、龍蝦和阿爾卑斯山的奶油」。

　　他們同時轉身想拿湯匙喝湯，才發現從他們入座後一直忽略的巨型湯匙，其巨大程度是所有人前所未

見。他們讀著石碑上的標示：「生命之匙有十個手肘之長」。

他們全愣住了，試圖想方設法如何用這個又長又詭異的湯匙盡快喝完湯。

每個人都試著用湯匙舀湯，但湯匙柄異常的長，比一般正常約二十公分長的湯匙還要長得許多，這支所謂的「生命之匙」足足是一般湯匙的三十倍長。

有人試圖端起整個碗不成，因為沉重的湯碗似乎被牢牢固定於桌上，沒有任何人能夠端起它來。

也有人試著努力用湯匙舀湯但始終失敗，因為湯匙實在是太長了。當中有些人試盡各種方法甚至湯匙柄都撞到坐在一旁的朋友。

「你怎麼不吃？」拉奇問對面的埃托、這個起初就與他相伴展開旅程並共度諸多難關的摯友。

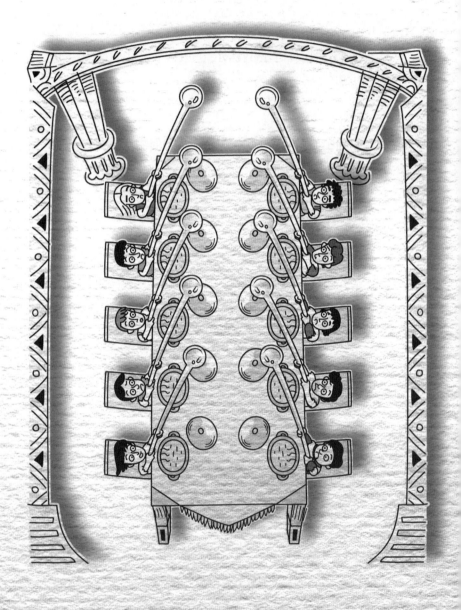

「我試過啦！但就是沒辦法，這太難了！你呢？你怎麼也沒吃？」埃托答道，也回問他的摯友。

「我想啊，可是我覺得我做不到，你看大家試了各種怪異的姿勢和動作，真的沒辦法了吧！」拉奇回答。

「但你不餓嗎？」埃托問。

「餓啊，我也想見到幸運之神，想見的程度絕不亞於其他夥伴，否則也不會冒著生命危險和你一路旅行至此啊。」拉奇答道。

每個人窮極努力地想要喝湯，過了好長一會兒功夫，這加了珍稀食材的特製濃湯看起來依舊引人垂涎，卻逐漸變涼了，可惜沒人能成功嚐上一口。

拉奇和埃托同樣盡了一切努力卻未能成功，他們連一口湯都沒喝到。

他們耗費了很久時間試圖品嚐眼前的湯，有些人搞得滿頭大汗，汗都滴進湯裡了。

　　有些人甚至因為過度飢餓和折騰哭了起來，明明食物近在眼前卻看得到吃不到。更重要的是，他們開始對此感到挫敗與絕望，因崩潰而流下的眼淚也落入湯碗中。

　　整個大廳由原先充滿歡笑的氣氛，因為大家費力地試圖享用眼前餐點而開始變得緊張焦慮。

　　越來越多時間過去，還是沒有任何人成功舀到湯，於是他們開始集中心力想辦法解決這個難題。

　　突然間，埃托的碗裡有支湯匙浸入湯中，舀出了些美味的湯。

　　埃托抬起頭看竟是他摯友的湯匙，他生氣地大喊：「拉奇，你這是在幹嘛？」

「相信我，我不會害你的。」拉奇試著安撫說服因餓過頭和長時間耗費心力而焦慮發火的好友。

拉奇小心翼翼地從埃托的碗裡舀起滿滿一匙的湯，深怕過長的湯匙害得湯潑灑出來。

「好，現在請張開你的嘴。」拉奇對著好友說。

「你在做什麼？」埃托質疑地問。

「我要餵你喝湯。」拉奇答道。

「這違反幸運之神說的規矩吧？」

「石碑上的刻文又沒有禁止我們互相餵食，它只叫我們吃完所有的食物啊！」拉奇解釋。

「總之，張開你的嘴，我會餵你整碗湯的。」拉奇對著好友說。

埃托張嘴喝了他的第一口湯，覺得那簡直是他這一輩子嚐過最美味的食物，沒有什麼比這個湯還好喝了。

　　接著他喝了第二口、第三口，多虧拉奇的善意他得以繼續進食，拉奇餵食埃托起碼十匙滿滿的湯，且一滴都沒有灑到地上。

　　等到他喝到最後一口時，埃托停了下來，看著他摯友的臉問道：「讓我也餵你一口吧！親愛的夥伴。等我喝完最後一口，我們可能永遠見不到彼此了。」埃托以充滿感激的聲音說著。

　　「太感謝你了，埃托。」拉奇真誠地與好友致謝。

　　埃托拿起他的湯匙餵好友喝湯，拉奇張嘴喝了上帝為他們準備的熱湯，他是大廳中第二個有機會嚐到特製濃湯的人，其他人都還在處心積慮想辦法喝湯。

　　「太好喝了，我這輩子從來沒嚐過這麼美味的東西。」拉奇興高采烈地說。這美味的湯立刻令他樂不思蜀。

「好喝嗎？」埃托笑著問。

「是我喝過最銷魂的湯了！」拉奇也笑著回他。

「那我再餵你兩口。」埃托說。

「好吧，它實在是太令人食慾大開了。」因為極度飢餓，還有這上帝準備的食物實在太可口，令拉奇還想多喝點。

拉奇又喝了兩口湯感到心滿意足，然後他對摯友埃托說：「夠了，我已經飽了，換我餵你最後一口吧。」

「等我喝完這口湯，我們可能不會再見到彼此了，我也不知何時才能再相見，所以我想衷心感謝你善良的好意。我認識很多和我們家有生意往來的人，但他們都只在乎自己的需求。在我人生中，只有你不求任何回報地為我做了些事。」埃托出於真心地說。

「這不足為道，別想太多了，我們是朋友啊，快喝掉最後一口吧！」拉奇邊握著長長的湯匙朝向埃托邊說著。

埃托喝下摯友餵他的最後一口湯，忽然間，奇蹟發生了。

一道明亮的白光照射大廳，每個人因太過眩目而不得不閉上眼睛。他們彷彿感覺到有一陣風穿梭在他們之間，包括埃托與拉奇。

他們無法睜眼因為一切實在是太刺眼了。沒多久，刺眼的光線和那一陣風一起消失了。

每個人這才張開眼睛。原來大家都回到了自己家中。大家都被幸運之神的魔法送返家門。

「埃托、埃托！」一名婦人大喊。

「埃托，我的兒子啊，你何時回來的？」原來是埃托的母親喊叫平安返家的兒子。

埃托睜開眼睛看見他的母親，他很開心看見這一生給予他溫暖和關愛的母親。他衝上前去緊緊抱著母親，因為他也很想她。

「我們都在等著你回來，你父親、我、還有弟弟妹妹們，我們現在相信你是個有能力的人了。」也很思念埃托的母親說道。

「是的，母親我做到了！過去幾個月冒險犯難的旅程中實在發生太多事了，我會好好向大家講述一切。」埃托語氣中充滿興奮地說。

明亮的白光和一陣旋風把所有百萬群眾平安地送回家，無人受傷。

這些人對於這趟旅程有著很好的回憶，也與許多旅伴們建立了友誼。

這一百萬人學到了很多事情。這幾個月裡他們心中記取的經驗和教訓，將有助於他們未來的人生，這些經驗是所謂的「生命的啟示」。

　　這些人生啟示是無法彼此交換傳授的，每個人都得獨立面對不同的課題，進而各自獲得真實的人生體驗。

　　這一百萬人學到了很多事情。這幾個月裡他們心中記取的經驗和教訓，將有助於他們未來的人生，這些經驗是所謂的「生命的啟示」。

　　關於他們遭遇了多少困難和如何靠自己解決問題等等，沒有人能真的完整而清楚地將自己人生的故事和經歷告訴另一個人。

　　所有人之中只有拉奇一人沒有返家，他成為了那百萬人中唯一的幸運兒。他與其他人一樣踏上了尋覓幸運之神的行旅，經歷了相同的事件卻採取與其他人截然不同的行動。

百萬人當中只有一個人未被送回他原先來自的村落，那就是身世堪憐的孤兒拉奇。

明亮的白光也令拉奇眩目，他不得不緊閉雙眼，等他再度睜開眼睛時，他發現自己身處在一個一望無際的遼闊之地，感覺像是立於一片雲朵上，那雲朵巨大到他看不見邊際。

明亮的白光也令拉奇眩目，他不得不緊閉雙眼，等他再度睜開眼睛時，他發現自己身處在一個一望無際的遼闊之地，感覺像是立於一片雲朵上，那雲朵巨大到他看不見邊際。

他四處遊走環視所在之處，似乎除了天空和這片巨雲，其他什麼都看不見。

他從原先站立之處漫遊更遠，依舊空蕩無一物。但他感受到一種奇妙的感覺，他由衷地感到溫暖。

生命的啟示

很多人都想擁有比別人更好的生活。

大多數人只是流於空想，
能成功實現夢想的人僅僅少數。

無論發生什麼事，
也不論一個人成功或失敗，
可以確定的是，
真正採取行動的人
會獲得寶貴的「生命啟示」及金錢買不到的教訓。

突然一個陌生的聲音低吼，那聲音充滿力量且震撼。

「嘿，年輕人。」那強而有力的聲音說。

拉奇環顧四周卻不見任何人影。當他轉身向另一邊時，看見一個光頭的老人，他的眉毛既濃又長，蓋住了他的臉頰，眼神明亮充滿了溫暖，滿臉的落腮鬍約有一個手肘長，但可以看見俊美的嘴充滿笑意，身著一件長度及地的白色長袍。

他的手握著一把外型奇特、棕色的拐杖，手把彎曲成一個圓形如同海馬的尾巴。

「您好。」拉奇說。

「歷經這麼多難關之後，你覺得如何？你的名字是拉奇對吧？」老人問道。

「是的。請問您就是幸運之神嗎？」拉奇問。

「是的，人們是這樣稱呼我的。」老人如此回應。

「為什麼您說人們這樣稱呼您，難道您不是嗎？」拉奇好奇地問。

「我只是個考驗人們成功與否的人。」老人的回答令拉奇更加好奇了。

「大家為何稱呼您幸運之神呢？」

「您為何出現在這裡呢？」

「您真的像人們說得擁有法力嗎？」

「您如何幫助人們使其獲得好運與財富呢？」

拉奇強烈的好奇心驅使他問了一連串問題。他好想印證從小到大聽過的許多故事是否真實存在。

「呃，先冷靜一下，我會一一回答你問的問題，告訴你關於我的故事，但要專注聽喔。」老人說。

「其實，我原本也只是個和你一樣的平凡人。當我還年輕時懷有夢想，我確知自己想要什麼，於是付諸行動，克服了人生許多障礙。我也遭遇了和你一樣多的困難，一路掙扎奮鬥過來，或許表現得很好吧。最終，在我還很年輕時，就成功實現了夢想。」

「在那之後好幾年，我從其他人的人生學習了不少，我發現大部分人都與成功緣慳一面，所以我計劃開設了學校，教導人們如何邁向成功之路，我確實如願有機會傳授給很多人，但那是好久以前的事了。我也了解到無論人們生活於何種年代，渴望成功的心是不會改變的。如果你早兩萬年生，或許就會聽過『夢想成真學院』這個地方。不過那已經是非常久遠的事了，連續好幾個世代，確實也有許多成功人士出自我的學院呢。」

「在我死後，曾拜師於我的幾個年輕女性，承襲了我的辦學精神繼續傳授人們。她們總共有七個人，不斷

尋求更多知識教育人們及幫助他們。她們後來成為眾所皆知的『七天使』，名字分別是米爾蒂、育敏及其他五位朋友。」

「那該如何稱呼您呢？」拉奇問。

「你可以叫我夢想成真學院的校長——喬頓。你可能從未聽過，因為這是好久以前的事了。那七天使後來承接了我的學校，之後傳承的世代又被人們稱為『真理四神』。」老人繼續說著。

「喔！七天使與真理四神。祂們也會出現嗎？我能有機會見到祂們嗎？」拉奇問。

「你覺得是上天還是你自己決定你的人生呢？」老人問拉奇。

「什麼意思？」拉奇開始覺得困惑了。

「你覺得你的人生是上天指示，還是你選擇了自己的命運？」老人問。

　　「老實說，我真的不知道……」拉奇回答。

　　「嗯……讓我來告訴你一個更詳盡的故事。」於是他開始向這年輕人講述一個漫長的故事。

8

來自幸運之神的七個秘密

7 Secrets
in the Legend of Success

老人開始向年輕人說：「人類未知的事很多，人們總以為自己了解很多，自認聰明且樣樣精通，但說到底，人類只是空有個並未被完全運用的大腦，甚至很可惜地被濫用。」

　　拉奇非常專心聆聽，很有禮貌地不打斷老人說話。

　　「大部分工作表現優異或是擁有成功人生的人，必須從正確的想法和行動開始，這是做任何事能成功的關鍵。」

「但如今人們想的和做的事都與成功之路背道而馳，因此隨著時間越久，越來越少人能達到成功人生的目標，從一開始萬分之一的機率到十萬分之一，到僅有百萬分之一的人能擁有成功的人生。」

「每一萬年只有一個人能成功實現你和其他人試圖追求的事。一個人能獲得成功有七個秘密，或是你口中所說的運氣。」

「事實上成功與否無關運氣，而是自己創造出來的，沒有任何人從旁協助，一切都只憑藉七種正確的行為。」老人說著。

「那七個秘密是什麼？我能有機會知道嗎？」拉奇帶著旺盛的好奇心問，言語中明顯透露著興奮。

「你其實已經經歷過那七個課題了，你只是不知道自己是那百萬人中通過考驗前來見我的那個人。」老人笑著解釋。

「試著回想你從踏上旅程開始面臨到的種種，你遭遇了哪些事呢？」

　　「你指的是一開始我們連目的地都不知道，只能循著北極星前行嗎？」拉奇回道。要向你解釋的第一個成功的秘訣。你其實也已親身經歷了。」老人笑著說。

　　「如果你還記得，會知道很多人跋山涉水為了前來找我、或是你們口中說的幸運之神，總共有幾百萬人踏上遙遠的路途為了與我見上一面。」

　　「雖說如此，眾多人之中只有一百萬人選擇追循北極星前行，這些人一開始就抱持著對的想法。」

　　「當一個人的想法偏誤時，就會走上不正確的路，當然也就無法到達目的地。」

　　「在數百萬人之中，只有一百萬人的思考方向是正確的。」老人說道。

成功傳奇的第一個秘密，是正確的思考。

一開始以偏差想法行動的人，將走上錯誤的路，

人們必須找到地圖來指引明路。

大多數人憑直覺和本能生活，動物也是，

但是人類擁有比其他動物發達的大腦。

想要成功的人必須依靠自己的腦袋思考，

鍛鍊自己的能力以找到自己的路，

而不是等待他人的幫助。

大多數失敗者都是因為

他們只等待和仰賴別人的幫助，

而當他們面臨失敗時，便傾向責怪他人。

「你記得在那之後遭遇的阻礙嗎？」老人問。

「我們遇到了一條水流非常強勁的大河。一開始我們過不去，在岸邊等了好幾個月。」拉奇答道。

「沒錯，那是第二個秘密，也是通往成功之路的障礙之一。每個追求成功的人都會面對這個相同的問題。你和你的夥伴們怎麼克服它的呢？」

「許多人在那當下放棄行旅，但我並沒有機會和他們聊聊了解原因。我們打造了幾艘小船和中、大型的船，也有人造了竹筏。」拉奇回答。

「我告訴你，那條阻礙你們前進的大河，就如同每個人生命中都會面對的困難，無論出身權貴或任何社會階級的人，必然會遭遇。」

「但是百萬人之中有一半人放棄追尋目標，因為他們預設自己做不到，那當然也無法克服這樣巨大的障礙。」

「那些在上路之前未做好準備的人，就好像就職者、創業族卻對於可能面臨的問題毫無預警的人。」

「往往只有十分之一的人做好充分的準備應付各種情況。」

「人在失敗時總怪罪於他們所面對的問題，或是幸運之神的袖手旁觀，殊不知此番論點的荒謬，因為世上並不存在幸運之神這號人物。失敗的發生是因為他們也許建造了一艘不夠堅固的船，也許因為他們自己犯下的錯，又或許是因為他們專注力不夠，因此而導致失敗也不令人意外。」

成功傳奇的第二個秘密，是付諸行動。

很多人面對困難時用錯方法，

無論難題是大是小會放棄原訂目標，

只有千分之一甚至萬分之一的人，

會採取正確的行動。

儘管如此，那放棄的人通常覺得自己是對的，

事實上，他們輕忽且低估了困難，

對於人生一波接一波

如風暴席捲而來的問題毫無準備。

只有十分之一的人對最壞的狀況做好充分的準備，

他們自立自強，且不期望任何人或神的援助。

「接下來你又遭遇了什麼呢？小伙子。」老人又問。

「從百萬人銳減為十萬人的我們，進入了怪物之城，因恐懼而發出的尖叫呼喊聲不斷迴盪耳邊，我自己也感到非常害怕。」

「十萬人只剩下一萬人成功逃離那個可怕的地方。事後我們每個人互相討論各自遇見的怪物，每個人見到的都長得不一樣。有些人說看到三頭怪物；有些人看見十隻手臂的怪物；有人看見綠色身體的怪物；還有手上拿著狼牙棒之類武器的怪物。」

「哈哈哈，雖然你安然度過了考驗，但我還是必須向你解釋。不過我想先告訴你一個故事，既然你是唯一一個能夠克服所有考驗的傳奇人物，應該要讓你知道真相，如此一來你也才能幫助更多人了解真相。」

成功傳奇的第三個秘密，是潛意識的力量。

人們擷取了各種故事、想法和知識，

這些都成為大腦思維過程的一部分。

懷正念、行善舉、說好話同時創造美好事物的人，

能夠發掘生命中精彩的故事。反之亦然。

人們想像中的怪物根本不存在，

一個人所見的事物會反映出腦中的產物，

當人們越去思考負面的問題，

他們想像中的怪物就越可怕。

只有極少比例的人能健全的思考、說話和行動，

而這樣的人也才有機會擁有成功的人生。

「接著你又發現了什麼呢？小伙子。」老人又繼續問。

「我們走到了一座沙漠。同伴中有些人在旅途中昏倒；有些人因糧食不足無法支撐下去；有些人因精神和體力不濟而放棄；還有人甚至看見沙漠中浮現海市蜃樓，所以當我們離開那片沙漠時，所剩的人數已不多，從原先的一萬人僅剩一千人。」拉奇答道。

「這項考驗是關於如何計畫、準備及鍛鍊我們的身體和心志，使我們有足夠堅強的身心靈面對生命諸多事情，因為人生並不如我們想像的那麼平順容易。所以，只剩十分之一的人是吧？這實在太可悲了。」老人這麼說。

成功傳奇的第四個秘密，是為未來做好計劃。

如果將人生比喻為一趟旅行，

旅程中我們總會面臨一些預期之外的事。

很多人抱持著夢想，並認為所有事都很美好，

對於心態積極的人來說，這並非壞事，

因為他們會以愉悅的心情看待所有發生的事，

而這樣的樂觀是來自於正面的潛意識。

儘管如此，我們仍舊不能欠缺妥善的計畫。

如果我們能學會妥善計畫、學著謹慎細心、

學習如何有效利用手邊的資源，

生活中的問題便不至於無法解決。

但只有極少數的人對自己的人生有周全的計畫。

「當人數只剩下千人之後，你遭遇的下一個難關是什麼呢？」老人續問。

「我們發現了十個洞穴，每個洞穴外寫著標示。於是我們分成了十個隊伍，每隊一百個人。」

「你還記得有哪些洞穴嗎？」老人問拉奇。

「當然，我記得它們分別是金錢、黃金、權力、金銀財寶、神的庇佑、家人、健康、財富、工作、快樂這十個洞穴。」

「你選擇了『工作』對吧？每個人都有權利選擇他想走的路，而你做了抉擇。你今天能夠站在這裡並不是因為我選擇了你，而是你自己選擇了你的命運。」

「很多人選擇他們心中想要的東西，結果也如願得到，但那些東西只能帶來暫時的幸福，物質上的東西如金錢，生不帶來、死不帶去。所有事都取決於我們的每一個決定。」

成功傳奇的第五個秘密，是人生的抉擇。

每個人的人生中都須面臨許多抉擇。

如果有機會，

大部分的人都會優先選擇安逸輕鬆的選項，

或是其他能帶給他們生活快樂的東西。

我們多半都能從選擇中得到想要的東西，

但只有十分之一的人會選擇工作。

工作可說是個先苦後甘的選項，

在它能為我們帶來安逸舒適的生活之前，

我們必須先面對各種辛苦。

靈巧、勤奮工作且不斷求知的人，

在人生最終的階段必能獲得安穩的生活。

「然而同樣的結果總是一再發生。對自己的生活感到失望的人總會產生邪念或嫉妒他人，然後怪罪幸運之神背棄他們。這是因為選擇金錢或黃金的人，得之太過容易，卻不知道如何守住錢財，他們不懂得好好理財或利用這些資源賺取更多財富。相反地，他們只是揮霍金錢，把錢拿去賭博或是不智地揮金如土，這將令他們往後的人生陷入困境。」

「或許我們該說這樣的人生是先甘後苦吧。在生命的最後階段面臨困苦其實是因為欠缺正確的工作原則，這甚至有可能招致人生的失敗。」老人詳細地闡述道。

「之後你又發現了什麼呢？」老人繼續問。

「我們看見了一堆劍。剩下我們這些選擇工作的一百個人必須爭奪那九十把劍，以求繼續完成目標。」

「但你並沒有拿起劍，對吧？」

「是的，我是十個沒有拿起劍的人之一。」拉奇回答老人。

「你為什麼沒和大家搶奪劍呢？」老人問。

「我並不想為了成為一個特別的人而去殺害任何人，或是踩著別人的屍體往上爬的人。」拉奇答道。

「小伙子，我很好奇你是否認知到自己是能夠到達這個階段的極少數人之一。確實，一百人中大概只有十個人能走到這裡，因為其他人都已在途中陣亡消失或者迷失本心。大多數人想要的不外乎是權力、金錢、神的庇佑或黃金，而他們往往會不擇手段地爭取，即使是要殘殺自己的同伴。」老人繼續說著。

「一百萬人中可能只有十個人會像你這樣思考，而這是融合了幸福與快樂的成功因素之一。」

「『融合了幸福與快樂？』這是什麼意思？」拉奇問老人。

成功傳奇的第六個秘密，是戰勝自己的心志。

終極的勝利不是擊敗別人，

畢竟世界上有無數的人，且強者不計其數。

終極的勝利是在戰勝自己的心志，

克服為了一己之私而去傷害別人的念頭。

每個渴望成功的人都有相同的需求，

只是每個人運用不同的手段和方式。

多數人會選擇踩著別人爬上更高的位置，

選擇傷害他人以取得優勢，

因為這是最容易、最直接的捷徑。

只有十萬分之一的人不會用惡毒的手段與人競爭。

因此，只有極小部分的人能夠邁向成功的人生。

「藉由殺人得勝的人，或許會獲得他們渴望的成功人生，但要如此殘酷待人必須泯滅人性。透過這樣的手段而成功的人，有著粗暴的心靈且未曾感受過溫暖和快樂，儘管他們已擁有所有物質上的滿足。」

「那麼，最後一個考驗是什麼呢？」老人問男孩。

「我並不認為那是個考驗。」拉奇說。

「那你覺得是什麼呢？」老人問道。

「我們十個人走進了看起來像是座宮殿的洞穴，裡頭的裝飾精美奢華，所有物品都是黃金打造的，美得令人眩目。」拉奇重述了他的感想。

「你還發現了什麼呢？」老人接著問。

「其實只有一樣東西嚴重困擾我們，就是那把長得不像話的金湯匙，根本沒有人可以用它舀起湯喝，連我也辦不到。」拉奇回答。

「我用它來餵我的朋友喝湯，等到餵完碗底的湯時，我就來到這兒了。其實我有點困惑，因為我的朋友埃托是在我餵食之下第一個喝完湯的人，至於我自己其實只喝了幾口而已。」拉奇如此回應。

「你的宅心仁厚與慷慨是很難能可貴的特質。在那當下，沒有人做和你一樣的事，其他人見你的舉動應該覺得你很蠢吧？有時候，愚蠢和善良只是一線之隔，我們甚至無法區分這兩種行為表現。大多數人一定會認為你做的事很傻，因為你對別人施予恩惠並不會為自己帶來任何好處。」老人繼續解說。

「但要如何知道我們做的事情是出於愚蠢還是善良呢？」拉奇好奇地問。

「你問了一個非常好的問題。」老人回應拉奇。

成功傳奇的第七個秘密是做好事。

隨著越多時間過去，

就有越多人渴求自身的利益和快樂，

爭權奪利與仇恨在人們眼裡似乎變得稀鬆平常。

忘了人性良善的人終究不會獲得真正的成功，

因為真正的成功含括著「幸福與快樂」。

如果世界上少了給予、分享、善意和慷慨，

將會變得晦暗、歡樂不在，

甚至演變成一個人們傷害、責怪、控訴

甚至殘殺彼此的地獄。

只有百萬分之一的人是善良且慷慨無私的，

這樣的人會為別人做任何事而不求回報。

「一個好人總是會為了公眾利益而做事，當他見到別人快樂時，自己也感到開心，這是一個好人的人格特質。一個只在乎自己利益的人，永遠會先思考他能因此先獲得多少，這樣的人是自私的，且有可能假裝為了他人利益而做事，但其實只想著從中得益，抱持著如此動機的人，不僅非善類且愚蠢可笑。」

　　「小伙子，你可知所有你經歷的事都是測試，而你一一通過考驗了？」老人繼續說著。

　　「你是百萬人中的那一人，或說是一萬年才出現一人能到此與我對談的人。你做的那些事並不是出於運氣，那並非上天賦予你的宿命或出於誰的指示。事實是，無法克服考驗或是擁有邪念的人，都會將自己的失敗怪罪一切令他們失望之事，永遠只會怨天尤人。」

　　「要獲得成功並不是件難事，關於成功傳奇的秘密也並非什麼複雜的課題，對吧？你的行為表現確實讓你優於他人。這七個處事原則十分簡單也實用，每個人其實都做得到，應用於人生中並不困難。」

「我希望你能追隨你的夢想，於日常生活中實踐這七個原則，因此而達到你期望的成就，幸福與成功便咫尺不遠。你還有什麼問題想問嗎？」老人詢問拉奇。

　　「嗯，有的，所以這意味著這世上並沒有幸運之神嗎？」拉奇問。

　　「是，沒有『幸運之神』這號人物，這單純只是失敗者想像虛構的神話。」老人這樣說著。

　　「事實如此簡單，不去理解也不奉行七項原則的失敗者總覺得自己的運氣不好，將失敗的原因歸咎於幸運之神的背棄，這只是人們羅織出來、貶抑又同時安慰自己的故事。他們不去看成功背後的原因，只怪罪任何他們能指責的對象，好說服自己世上不存在更好的人生，他們只是想為自己的失敗找尋慰藉。」老人闡釋道。

　　「事實如此簡單，不去理解也不奉行七項原則的失敗者總覺得自己的運氣不好，將失敗的原因歸咎於幸運之神的背棄，這只是人們羅織出來、貶抑又同時安慰自

己的故事。他們不去看成功背後的原因，只怪罪任何他們能指責的對象，好說服自己世上不存在更好的人生，他們只是想為自己的失敗找尋慰藉。」老人闡釋道。

「沒有『幸運之神』這號人物，這單純只是失敗者想像虛構的神話。「我會有機會再遇見您嗎？」拉奇問。

「如果你再活上一萬年，或許會再遇到我。」老人笑著說道。

「那如果我工作中遇到困難該怎麼辦呢？」拉奇擔心地問。

「若我因冥想而不在時，我會請託七天使來幫助需要幫助的人們。你應該會找到管道見到七天使，屆時他們會傳授你如何增進工作能力的方法。」老人給拉奇如此的忠告。

「那麼我接下來該怎麼辦呢？」拉奇繼續問。

「我要告訴你的最後一件事，就是要對自己有自信，相信你的能力，並忠於自己。」

「現在你已知道所有能帶領你走上成功之路的因素了。」老人說道。

「一個對自己充滿信念的年輕人，能從過往的人生經驗獲得更多知識和體悟，這能讓他更積極去打拼和期望成就。更重要的是，他已了解別人還不知悉的秘密。」

拉奇深深記住所有發生過的事，包括與老人——夢想成真學院的喬頓教授——的談話。在過去的兩萬年之間，他傳授許多人如何成功的秘訣。這讓這位年輕人在短時間之內學習到成功人士的經驗。

現在的他已準備好應付未來人生會面臨的難關，他迫不及待想一五一十告訴那些渴望走上成功之路的親朋好友們他的遭遇了！

拉奇雙膝跪下，拜倒在老人面前以示由衷的崇敬，然後說：「真的非常感謝您，喬頓教授。」

「祝你好運！」這是老人向拉奇說的最後一句話。兩萬年前，這位夢想成真學院的喬頓教授就已開始傾其一生幫助人們。

突然間，閃現一道明亮刺眼的白光，喬頓教授就此消失無蹤。

接下來出現在拉奇眼前的是家鄉的村落，也就是他踏上旅程的起點。

他心中暗想：他一定要依循喬頓教授教會他的一切，更重要的是，他準備好向每個人親口講述他的成功故事。

「謝謝你！教授。」他帶著極度欣喜的心情跑回家裡一邊高喊著。

保持不變的初衷，

果斷自信地做任何事。

無論是精神上或是實質行為上，

都要不吝於懷正念、行善舉，

且時時警惕自己：莫傷害他人。

任何不求回報做好事的人，

皆是自己的「幸運之神」。

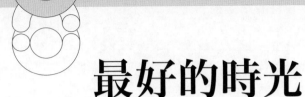

最好的時光

閱讀《最好的自己》、《最好的工作》、《最好的生活》，
成就最好的時光！

超人氣講師暢銷多國作品，閱讀你的人生，成就你的大事。

人生不過就「生而為人」這一件大事，
不再留下如果，不再渴望重來，
從現在起，打造屬於你最好的時光！

透過作者日常而直白的提點，你將察覺未曾留意的自我盲點，
重新梳理個人、工作、生活中的各種人生事件，
幫你突破各種瓶頸，也替你所珍視的一切劃重點。

人生大事之最好的自己：30個關鍵詞，找回不再被情緒勒索的自己
CXZ0001，定價250元，特價199元

人生大事之最好的工作：每日一分鐘，啟動工作小革命
CXZ0002，定價250元，特價199元

人生大事之最好的生活：讓日子更自在的30個簡單思考
CXZ0003，定價250元，特價199元

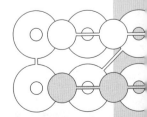

迎向新起點

世界總是多變，而唯一不變的是——
你擁有讓自己發光的能力。
只要你願意，現在就是新起點。

人生大事之自覺的起點：
30道人格習題，
拆解紛亂的思緒

CXZ0004，定價250元

人生大事之改變的起點：
10個自我改造提案，
與全新的自己相遇

CXZ0005，定價250元

人生大事之思考的起點：
40則暖心叮嚀，
發現你身上的美好

CXZ0006，定價250元

曾經，我們都是一只空杯子，
隨著年歲和經歷，杯子慢慢被填滿，
以各種挫敗、體悟、悲喜堆疊出今天的我們。

想要鑽研學問還是追逐權力？
想要增廣見聞還是累積財產？
想要登峰造極還是沒沒無聞？

是時候清空杯底的灰塵與碎屑了，
丟下不必留存的渣滓，淘洗一個全新的自己。

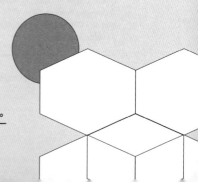

他們說的幸運之神

作　　者／丹榮‧皮昆 Damrong Pinkoon
譯　　者／邱喜麗
主　　編／林巧涵
執行企劃／許文薰
美術設計／亞樂設計

第五編輯部總監／梁芳春
發行人／趙政岷
出版者／時報文化出版企業股份有限公司
10803 台北市和平西路三段 240 號 7 樓
發行專線／（02）2306-6842
讀者服務專線／0800-231-705、（02）2304-7103
讀者服務傳真／（02）2304-6858
郵撥／1934-4724 時報文化出版公司
信箱／台北郵政 79 ～ 99 信箱
時報悅讀網／ www.readingtimes.com.tw
電子郵件信箱／ books@readingtimes.com.tw
法律顧問／理律法律事務所 陳長文律師、李念祖律師
印　刷／盈昌印刷有限公司
初版一刷／ 2018 年 1 月 5 日
定　　價／新台幣 260 元

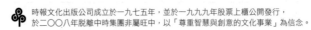
時報文化出版公司成立於一九七五年，並於一九九九年股票上櫃公開發行，
於二〇〇八年脫離中時集團非屬旺中，以「尊重智慧與創意的文化事業」為信念。

他們說的幸運之神 / 丹榮‧皮昆 (Damrong Pinkoon) 作；邱喜麗譯 . 初版
臺北市：時報文化，2018.01 ISBN 978-957-13-7265-5（平裝）
1. 成功法 2. 生活指導　177.2　106023780